AF403597

BATAILLE

DE FÈRE-CHAMPENOISE,

PAR M. DERODE.

FÈRE-CHAMPENOISE (BATAILLE DE). Fère-Champenoise est un bourg du département de la Marne, arrondissement d'Épernay, situé sur la route qui mène de Sézanne à Vitry-le-Français. Il a donné son nom à la journée du 25 mars 1814, dans laquelle l'aile gauche de Napoléon, cherchant à le joindre, fut écrasée en partie et refoulée sur Paris, où, après une nouvelle bataille (30 mars), l'ennemi entra quelques heures avant que Napoléon pût arriver pour sauver la capitale et son empire.

Avant de décrire cette journée, jetons un coup d'œil sur les combinaisons qui l'amenèrent.

Napoléon ne pouvait réussir tant que l'ennemi le pressait de ses masses réunies[*]. On vit bien alors son génie briller d'un nouvel éclat; mais le temps et les armes avaient manqué à sa prodigieuse activité pour lever et organiser les dernières ressources demandées à la conscription. Il avait craint de se confier à l'élan de la liberté populaire dont le secours, dans ces jours de crise, pouvait seul arriver à temps. Avant d'avoir pu concentrer une faible armée aux environs de Troyes,

il avait été forcé, du 1er janvier au 1er février, d'abandonner d'abord soixante lieues de pays en-deçà du Rhin, puis de plier devant le nombre à la bataille de la Rothière (1er février) et de reculer dans une morne tristesse jusqu'à Nogent-sur-Seine, à moins de trente lieues de Paris (6 février). Alors seulement la scène changea pour lui : les fautes de Blücher ramenaient l'espérance. Tandis que les troupes françaises étaient lentement poussées sur la rive gauche de la Seine par Schwarzenberg et les Austro-Russes, sous l'influence de l'empereur d'Autriche qui voulait bien abaisser son gendre, mais hésitait encore à lui porter les derniers coups, l'ardent et présomptueux Blücher avait pris une autre direction avec l'armée de Silésie. Précipitant sa marche par Châlons et la vallée de la Marne, il avait lancé ses corps séparément par les routes d'Épernay et de Montmirail, à la poursuite de Macdonald, se flattant de le prévenir à la Ferté-sous-Jouarre et d'entrer le premier à Paris. Napoléon saisit d'un coup d'œil le vice de sa marche décousue, et tombant comme la foudre sur ces corps d'armée avant qu'ils pussent se réunir, les écrasa à Champaubert, à Montmirail et à Vauchamps (10, 11, 14 février). Ces débris précipitant leur retraite n'avaient pu se retrouver ensemble qu'au-delà de Châlons, où les avaient recueillis de nouveaux corps arrivant d'Allemagne. Na-

[*] *Voir* l'ensemble de la campagne de 1814, soit dans le *Manuscrit de 1814*, par le baron Fain, soit dans l'ouvrage plus militaire de Jomini, ou dans l'histoire plus détaillée du général Guillaume de Vaudoncourt, ou bien encore dans les mémoires pleins d'instruction, de conscience et d'intérêt, du colonel Koch, témoin oculaire, alors attaché à l'état-major du général Belliard.

poléon, rappelé par les progrès des Austro-Russes, était forcé de lâcher prise avant de pousser jusqu'au bout sa victoire, sans quoi il eût reproduit le merveilleux spectacle d'une armée de 80,000 hommes détruite en dix jours par les manœuvres de 26,000.

Mais du moins depuis ce jour, éloignant les deux armées de Blücher et de Schwarzenberg entre lesquelles il s'était placé, il ne leur avait plus permis de se réunir, et, surprenant par la rapidité de son retour les différents corps de l'armée austro-russe qui pressait sur l'Yonne et sur la Seine ses lieutenants laissés devant elle, il les avait défaits à Mormant, à Montereau (17, 18 fév.), et rejetés au-delà de Troyes. Là, tandis que, tout froissés de ses coups, ils agitaient le projet de se replier jusqu'à Langres, le 26 février, Napoléon, laissant pour les contenir Oudinot et Macdonald avec 25,000 hommes, se retourna contre Blücher que son éloignement avait enhardi. Il le suivit au-delà de la Marne. Avec moins de 40,000 hommes, il allait acculer d'abord à l'Aisne, vers Soissons, ces 60,000 Prussiens désorganisés à son approche, et les jeter dans cette rivière soit durant leur passage, soit après une bataille qu'ils fuyaient à tire d'aile. Déjà grondait dans le lointain le canon de l'armée française avant-coureur de leur perte, quand la capitulation inattendue de Soissons (3 mars) livra le passage de l'Aisne et sauva l'armée de Blücher dénuée de pontons *. Cette forteresse opposait donc maintenant à nos troupes une barrière inexpugnable, et quand, plus au midi, les progrès de Schwarzenberg, poussant sur Paris un autre corps d'armée français, allaient forcer Napoléon à se rabattre encore une fois sur lui, Blücher, à 25 lieues de Paris, pouvait s'attacher presbue sans obstacle à ses pas !

Un cri d'indignation et de découragement partit de la petite armée française : Napoléon seul ne désespéra pas. Manœuvrant sur la gauche de Blücher, il lui fit craindre d'être coupé à sept ou huit lieues plus loin sur ses derrières, dans la position stratégique de Laon,

(*) Sur l'autre bord de l'Aisne arrivaient deux corps d'armée au secours de Blücher, mais ils manquaient également de pontons.

nœud des routes qui le liaient à l'armée du Nord et par où il devait diriger ses efforts afin de rouvrir par Reims, Châlons, Vitry et Troyes, ses communications avec les renforts qui lui arrivaient de l'Est, et avec la grande armée austro-russe de Schwarzenberg.

Notre sanglant succès de Craonne (7 mars) força Blücher d'évacuer Soissons et d'abandonner le cours de l'Aisne; néanmoins, à la bataille de Laon (9-10 mars), Napoléon ne sauva les débris de Marmont que par des prodiges d'audace devant un ennemi quatre fois plus nombreux, mais que rendait circonspect en sa présence le souvenir tout récent de ses défaites et l'ignorance de sa faiblesse numérique.

En ce moment, Napoléon, un instant indécis, fit halte sur la gauche de l'Aisne. Son armée mutilée, réduite alors à 60,000 hommes environ, faisant face à la fois du côté de l'Aisne, de la Seine et de l'Yonne, séparait par un intervalle de plus de 40 lieues les deux grandes armées ennemies, fortes chacune de plus de 100,000 hommes, et tenues depuis plus d'un mois en suspens à ses deux extrémités. Cette séparation, source de ses succès, Napoléon la voulait maintenir en continuant à couvrir Paris. Tout à coup il apprit que les Russes, sous le général Saint-Priest, venaient de reprendre Reims, commençant ainsi à renouer la chaîne rompue des communications entre Blücher et Schwarzenberg. Dès lors il n'hésita plus, et courant écraser Saint-Priest (13 mars), il la brisa de nouveau.

Après trois jours de repos, voulant dégager Macdonald en opérant sur le flanc droit de Schwarzenberg qui touchait sur la Seine et sur l'Yonne jusqu'à Provins et Montereau, il partit de Reims le 17 mars, lançant son armée en deux colonnes par les avenues de l'Aube jusqu'à Plancy et Arcis-sur-Aube. Il croyait poursuivre dans le désordre d'une retraite les corps austro-russes repliés précipitamment à son approche; mais en débouchant du défilé d'Arcis-sur-Aube, il trouva devant lui une masse de plus de 100,000 ennemis, concentrés à temps par Schwarzenberg. Il fallut, à travers mille dangers, opérer sa retraite, qui se rait devenue désastreuse si le feld-maréchal autrichien eût saisi à temps tous ses avantages.

Ainsi, deux fois en douze jours, à Laon comme à Arcis-sur-Aube (9-10, 20-21 mars), l'étoile de Napoléon venait de pâlir. Le prestige de son ascendant s'éclipsait devant le nombre. Il résolut alors de chercher son salut dans une combinaison nouvelle. Appelant à lui la totalité de ses troupes répandues entre l'Aisne et la Seine, il cessait de couvrir Paris en se plaçant entre la capitale et l'ennemi ; mais se jetant sur les derrières de celui-ci avec 60,000 hommes environ, il allait prendre une nouvelle ligne d'opération sur les places de l'Est, se renforcer de leurs garnisons et soulever en masse la population belliqueuse de ces départements. En faisant trembler les ennemis pour leurs communications interceptées, il espérait sauver Paris en les attirant à la suite, dans une région où les difficultés du terrain, jointes aux avantages de ses places fortes, balanceraient mieux pour lui l'infériorité du nombre, et que dans cette position l'habileté des manœuvres lui rendrait ses avantages. On sait que cette combinaison militaire lui devint fatale par des incidents inattendus au moment où il la conçut ; mais les critiques estimés ont jugé qu'elle pouvait amener son salut, et que, dans la crise violente de ses affaires, elle offrait plus de chances que toute autre.

On va comprendre maintenant comment la bataille de Fère-Champenoise résulta des mouvements amenés par cette combinaison.

Le 17 mars, il avait laissé sur l'Aisne son aile gauche étendue depuis Béry-au-Bac jusqu'à Soissons et Compiègne, afin de couvrir Paris avec 13,000 fantassins et 3,600 cavaliers contre les 100,000 hommes de Blücher. Lors de la bataille d'Arcis, il espéra que, dérobant au général prussien, quelques marches rapides, cette aile gauche pourrait le joindre à temps, aux environs de Vitry-le-Français, par la direction de Reims, sur Châlons ou Épernay. Mais dès le 19, Mortier et Marmont, débordés sur leur droite, attaqués en front et sur leur gau-

che, et voulant, d'après leurs instructions, couvrir Paris, s'étaient repliés en arrière de l'Aisne et de la Vesle. Ils n'avaient pu empêcher l'ennemi de rentrer à Reims, à Épernay, barrant ainsi la route qui liait ces maréchaux avec Napoléon. Quand son ordre de rejoindre leur arriva le 21, à la Fère-en-Tardenois, il fallut prendre un détour par Château-Thierry, de là quitter la route directe d'Épernay sur Châlons, et se rabattre plus au midi sur celle de Montmirail, où ils couchèrent le 22. Le 23, ils couchaient à Étoges et à Bergères, suivis en queue par deux corps prussiens. Une avant-garde qui avait donné la chasse à une troupe d'ennemis jusques dans Vertus, y prit des lettres adressées au général autrichien Tettenborn ; elles annonçaient la résolution prise soudainement de marcher sur Paris avec les deux grandes armées réunies de Blücher et de Schwarzenberg.

Dès le 22, la prise d'un courrier de Napoléon avait livré le secret de son nouveau plan et montré la route de Paris ouverte aux alliés. « Osez tout en ce moment, vous le pouvez, » faisait dire à l'empereur de Russie le parti qui complotait à Paris la déchéance de Napoléon.

Le grand coup sur Paris était donc décidé. Le 23, Blücher descendait vers la Marne et Châlons, avec trois corps d'armée précédés des 8,000 cavaliers de Winzingerode, et avait communiqué par eux avec l'armée austro-russe qui remontait d'Arcis-sur-Aube au-devant de lui, en poussant l'arrière-garde de Napoléon. Celle-ci, vers le soir, replia ses dernières troupes et brûla son pont de chevalets sur la Marne à Frignicourt, près de Vitry-le-Français. Dès lors plus de jonction possible avec les maréchaux Mortier et Marmont, qui ce soir-là étaient à Étoges et Bergères, à plus de 12 lieues. Tandis que, par un mouvement fatal, Napoléon s'en éloignait, les deux masses ennemies se rapprochaient, resserrant l'étroit intervalle par lequel s'apprêtaient à passer les deux maréchaux. Pour mieux obéir à leurs ordres, ils ne prenaient pas 24 heures nécessaires afin de rallier près de 10,000 hommes d'autres corps arrivés à Sézanne et aux environs, et marchaient au-devant de la catastrophe sans la soupçonner; car ils regardaient comme un piége les lettres trouvées à Vertus.

A partir d'Étoges et surtout de Bergères, le pays qu'allaient traverser les deux maréchaux pour arriver à Vitry-le-Français est un plateau borné au nord et à l'orient par la Marne, qui, de Château-Thierry à Vitry-le-Français, décrit un quart de cercle de 28 lieues, passant par Dormans, Épernay et Châlons. De Vitry-le-Français on descend de huit lieues pour arriver à Arcis sur l'Aube, rivière qui limite cette plaine au midi. L'intervalle de 12 à 15 lieues qui sépare ces deux rivières est traversé d'occident en orient par trois routes : 1° celle qui suit le cours de la Marne, de Paris jusqu'à Châlons (21 postes $\frac{1}{4}$), est la grande route de Strasbourg; 2° celle qui se sépare de la précédente à la Ferté-sous-Jouarre fait avec elle la corde de l'arc, et, plus courte d'une poste, conduit en passant par Montmirail (4 p. $\frac{1}{2}$), Étoges (3 p.), Bergères et Chaintrix (2 p. $\frac{1}{4}$), à Châlons (2 p. $\frac{1}{2}$); 3° celle qui, plus au midi de 4 à 5 lieues, conduit de Paris à Vitry-le-Français, par Lagny, Coulommiers, Sézanne, Fère-Champenoise et Sommesous. En ce moment, on dirigeait sur cette dernière tous les renforts envoyés de Paris à Napoléon. De Fère-Champenoise à Vitry-le-Français, dans une longueur de 10 lieues, elle touche presque la crête du plateau et coupe à leur naissance les ruisseaux que, par une double pente, il verse au nord dans la Marne et au midi dans l'Aube. Quelques mamelons de 100 à 200 pieds, des plis de terrain formés par les ondulations de petites vallées à leur naissance, rompent seuls l'uniformité de cette vaste plaine. Le sol maigre et crayeux ne laisse pas prendre racine aux grands arbres de nos forêts; de chétifs pins y végètent avec peine à la hauteur des buissons plantés çà et là, à de grands intervalles, sur une étendue de quelques arpents.

Le 24 mars, les deux maréchaux voulurent gagner cette route en prenant un peu au-delà de Bergères un chemin de traverse. Ils s'écartaient ainsi de la Marne et des Prussiens, qu'ils sentaient en avant

d'eux, sur leur flanc gauche, et do
la cavalerie talonnait leur arrière-gar
depuis Château-Thierry. A Vatry,
devait coucher le corps de Mortier,
chemin est traversé par le ruisseau de
Soude. Marmont ne le passa pas, ma
remontant sa rive gauche jusqu'à de
lieues plus haut, vers sa source, il s'
tablit avec la tête de son corps au v
lage de Soudé-Sainte-Croix. La route
Paris à Vitry-le-Français passe perpe
diculairement à son extrémité. Marmo
comptait la suivre le lendemain, trav
ser la Marne à cinq lieues de là et fa
sa jonction avec l'empereur.

Inquiet de n'en point avoir de no
velles, il avait questionné vingt perso
nes sur sa route, et avait envoyé vers
un homme dévoué que les patrouilles
nemies, auxquelles il échappa cependa
empêchèrent de remplir sa mission.
reconnaissance dirigée par un officier
lonais amena quelques résultats plus
sitifs et donna avis de l'attaque qui s'
prochait. Elle était plus terrible que n
vaient pu le penser ces hommes reve
à travers mille dangers; car, à quelq
lieues en avant de la gauche de l'ar
française, Blücher et trois de ses co
s'étaient dès trois heures du matin
en mouvement sur Paris par la route
Montmirail. Par celle de Fère-Cham
noise s'avançaient les Bavarois, les R
ses et les Wurtembergeois, et par
versant méridional du plateau marcha
les réserves autrichienne et russe, p
déborder le flanc droit de nos faibles
visions. On eût dit trois montagnes
glace enveloppant à leur insu quelq
vaisseaux qu'elles vont broyer en
touchant.

A six heures du matin, l'infant
du maréchal Mortier levait son camp
lui-même avec les dragons de Rouss
l'avant-garde, s'avançait de Vatry en
montant la rive gauche de la So
Arrivé à Dammartin-l'Estrée, il s'é
nait de voir les troupes de Marmont
core éparses dans leur camp, lors
tout à coup, de l'autre côté du ruiss
sur le rideau de la colline, parais
des Cosaques. Bientôt quelques pi
d'artillerie font feu sur les dragons f
çais et l'on distingue une longue

onne de cavalerie qui se prolongeait en ppuyant sur la gauche, afin de les débor- ter et de les séparer des dernières divisions te Mortier. Presque en même temps une manœuvre pareille avait lieu sur le front et sur le flanc droit de Marmont. Dans cette surprise, il se porta vivement de sa personne au milieu des premiers tirailleurs et du sifflement des balles. D'instants en instants augmentait la cavalerie ennemie. Dans le lointain se montraient l'horizon de grosses masses noires d'infanterie. Il ne restait au maréchal d'autre parti qu'une prompte retraite, et, pour gagner quelques moments, il fit défendre le village de Soudé-Sainte-Croix par plusieurs compagnies de voltigeurs. Mais bientôt elles furent enveloppées. Les cuirassiers de la division Bordesoulle, à peine à cheval, voulurent en vain arrêter l'impétuosité des ennemis qui suivirent vivement la retraite du maréchal jusqu'à Sommesous, à une lieue et demie en arrière.

A ce village où passe, venant de Vary, la route de Châlons à Troyes, la jonction des deux corps fut complétée par l'arrivée en ligne de la division Charpentier, qui, coupée un moment, avait perdu des prisonniers. Les maréchaux, voyant leur gauche sans cesse menacée sur son flanc par un millier de Cosaques, manœuvrèrent pour la couvrir d'une ravine qui les séparait, et formèrent une ligne continue appuyée à droite à un mamelon d'où la vue, par un temps clair, s'étend au-delà d'Arcis-sur-Aube. Là, pendant deux heures, ils canonnèrent avec avantage, car l'ennemi n'avait pas encore toute son artillerie; mais vers midi, le grand-duc Constantin, avec les réserves de la cavalerie russe et autrichienne, apparut débouchant sur leur extrême droite, à une demi-lieue de là, vers Montepreux. Dès lors, il leur fallut prendre le mouvement de retraite en échiquier. Leur faible cavalerie, qui la courait, se trouva seule en butte à l'énorme supériorité de celle des ennemis. Deux fois elle soutint sa charge: à une troisième, le centre de sa ligne, formé des cuirassiers Bordesoulle, fut enfoncé et rejeté sur l'infanterie. Les dragons de la division Roussel accouraient de la gauche à leur secours; mais à la vue d'une seconde ligne qui les débordait et allait se précipiter sur eux, ils firent volte-face un peu en désordre. Heureusement le 8e de chasseurs, chargeant en colonne par escadrons, rompit un instant l'impétuosité de l'ennemi.

En combattant ainsi, les maréchaux reculaient sur Conantray, à deux lieues de Sommesous. A l'arrivée dans ce village, le terrain se creusait brusquement en ravin, encaissant presque à sa naissance un ruisseau de trois à quatre pieds de largeur. Celui-ci longe à l'orient, dans toute sa longueur, la lisière du village, bordée d'une ligne de haies et de peupliers derrière les maisons; puis, aplanissant ses bords, il se dirige au nord-ouest, enfermant dans un demi-cercle de deux lieues la plaine de Fère-Champenoise, où il redescend pour tomber, quelques lieues plus loin au midi, dans un affluent de l'Aube.

On connaît les dangers d'un encombrement au passage des cours d'eau. Marmont avait, dès le départ de Soudé, multiplié ses questions sur le nombre des ruisseaux et sur les difficultés du passage. On crut que les sapeurs du génie suffiraient aux embarras ordinaires, mais une affreuse giboulée qui fouetta le front de la ligne française vint les augmenter. La cavalerie de la garde russe, profitant de cet avantage, chargea nos cuirassiers à peine reformés et les culbuta sur l'infanterie. La grêle tombait avec violence; l'obscurité fit croire le danger plus grand, et les cavaliers en déroute lançaient leurs chevaux par-dessus les équipages renversés, afin de passer le ravin des premiers. On vit Marmont sans chapeau, courir entraîné, comme Mortier, par les fuyards. Tous deux trouvèrent un asile dans les carrés de l'infanterie qui avaient à peine eu le temps de se former. Mais les amorces ne prenant pas feu, ils ne pouvaient faire usage que de leurs baïonnettes. Déchirés par la mitraille, deux carrés de la brigade Jamin furent sabrés et leur général pris. Les autres carrés ne furent pas entamés, et la bonne contenance de ceux qui flanquaient les extrémités de notre ligne donna le temps à la cavalerie de passer le ravin de Conantray et de se reformer de l'autre côté.

A droite de notre ligne, l'infanterie qui passa le ravin la dernière fut celle du duc de Padoue ; elle était composée de conscrits armés seulement depuis deux mois environ, et, durant les marches, il n'avait eu que le temps de leur apprendre les premiers exercices, à se former en carrés et à présenter la baïonnette. A cheval, la tête haute au milieu de ses jeunes fantassins émus, il les rassura par son sang-froid et leur défendit de tirer un seul coup de fusil autrement qu'à bout portant ; plus tôt, la maladresse de leurs feux eût décelé leur inexpérience et attiré les charges de la garde russe. Il la maintint à distance par l'attitude de ses carrés et par quelques volées de canon tirées à quart de portée. Les cuirassiers Bordesoulle avaient été mis sous ses ordres pour tenir avec lui l'arrière-garde. Il les prévint qu'il ferait feu sur eux, s'ils se rabattaient sur le front ou dans l'intervalle de ses carrés. Bientôt ils s'écoulèrent en partie sur sa droite, et le plus grand nombre sur la gauche, où continuait en désordre le mouvement précipité de la retraite sur Fère-Champenoise.

Bientôt l'orage atteignit et dépassa ce bourg. La poursuite se ralentit alors, et sur les hauteurs de Linthes nos officiers s'efforçaient de rétablir un peu d'ordre dans la multitude confuse des soldats, quand sur la gauche apparut dans le lointain une colonne enveloppée de feux et qui avait attiré sur elle la plus grande partie des 26,000 cavaliers ennemis. « C'est Napoléon qui arrive à notre secours, » disent quelques voix. Ce bruit se répand avec la rapidité de l'éclair. Aussitôt tous les soldats, honteux et brûlant de venger leur défaite, se rallient au cri magique de : *Vive l'empereur!* et les cuirassiers Bordesoulle, reformés les premiers, se portent en avant.

Ce ne pouvait être Napoléon, d'après les dispositions qu'on a vues, mais c'étaient les deux divisions Amey et Pacthod, de 8 à 9,000 hommes, en marche depuis quelques jours pour le rejoindre avec un grand convoi. Réunies à Sézanne, elles étaient, sur le bruit du mouve-

ment des deux maréchaux, remontée par la route de Montmirail, d'Étoges Bergères, cherchant à les joindre, afin d marcher plus en sûreté et demanda leurs ordres. Ce jour même, parties d Bergères au crépuscule, elles appro chaient à dix heures de Villeseneux hâtaient leur marche dans l'espoir d'a teindre le corps de Mortier, quand ell reçurent de celui-ci l'ordre de rester Bergères, où il les croyait encore. L chevaux tombaient alors de fatigue, et général Pacthod, se croyant à l'abri danger, fit halte pour les rafraichir. peine établi, il avait été aperçu et attaq par la cavalerie de Blücher, qui arriva de Châlons par la route d'Étoges. Pe dant une heure et demie, Pactho ignorant quelles forces devaient bient l'envelopper, se complut à repousser ce attaque ; mais voyant l'horizon se co vrir de nouveaux ennemis, il commen sa retraite en échiquier pour gagn Fère-Champenoise à travers champ. convoi, quoique sur quatre voitures front, gênait tellement sa marche q vers Clamange, pour ne pas perdre troupes, il abandonna les voitures et a les chevaux doubla les attelages de s artillerie. Sa retraite continuait ain en carrés par régiments qui se débo taient et s'opposaient les angles par sommet, afin de faire feu des qua faces. L'ennemi se trouvait contenu vant lui ; mais une autre ligne de ca lerie ne tarda pas à se mettre à che sur ses derrières, lui barrant ainsi passage. La brigade Delort, formée colonne d'attaque, aborda cette ligne pas de charge et la força pendant que que temps à reculer ; mais assaillie de nouveaux flots d'ennemis qu'attir le bruit du canon, elle fut contraint se replier en carré. La situation deve affreuse. Il était environ quatre heu La cavalerie et l'artillerie de la ga russes, quittant la poursuite des deux réchaux français, arrivaient de Fè Champenoise et entraient en acti Pacthod, ne voyant plus qu'une fa chance d'échapper par les marais Saint-Gond, précipita sa marche de côté. Mais bientôt, pressé de plus plus, il reconnut sa position désespé

(7)

et ne songea plus qu'à vendre chèrement la vie de ses soldats. Longtemps le feu roulant de ses carrés, inébranlables comme autant de forteresses, repoussa les charges redoublées et joncha la terre de cadavres ennemis; mais enfin leurs rangs éclaircis par la mitraille de plus de 50 canons se désunirent, et toute la cavalerie ennemie s'y précipitant en fit une horrible boucherie; car ces braves n'avaient point voulu de quartier.

Le jour finissait avec le combat. A la faveur des premières ombres, quelques fuyards s'échappèrent par les marais de Saint-Gond, où une partie des habitants d'alentour avaient cherché un asile. Les autres qui survécurent au carnage demeurèrent prisonniers. L'étonnement des ennemis, confondus d'une si héroïque résistance, fut encore doublé quand ils reconnurent que ces braves n'étaient pour la plupart que des gardes nationaux et des conscrits à peine habillés.

Mais déjà la nuit enveloppait tout de ses ténèbres. A l'ouest, sur les hauteurs du Mont-Allemant, s'allumaient les bivouacs des soldats de Marmont et de Mortier. Les flammes des fermes incendiées projetaient leurs clartés sinistres sur les débris du champ de bataille; le mugissement du bétail égorgé et les cris des femmes qui se débattaient au milieu des violences arrivaient par intervalles à l'oreille des malheureux qui frissonnaient cachés dans les eaux glacées de ces marais.

On a évalué notre perte à neuf mille hommes dans cette journée funeste, mais glorieuse. Des critiques ont écrit qu'en se faisant jour par Épernay, ou qu'en forçant de marche par le détour de Château-Thierry, les deux maréchaux auraient pu gagner 24 heures et joindre Napoléon, en évitant la rencontre des deux grandes armées non encore réunies. Ils ont ajouté qu'en s'éclairant mieux ou en tenant plus de compte des rapports qui annonçaient l'ennemi, ils auraient pu faire leur retraite à temps, rallier les troupes d'Amey et de Pacthod; puis, avec ces trente mille hommes réunis, disputer le terrain accidenté en arrière de Sézanne assez de temps pour que Napoléon arrivât. Observons toutefois que Napoléon, dont ce coup fit avorter la dernière combinaison, n'a pas relevé ces fautes dans ses lieutenants.

AVIS.

L'*Encyclopédie des Gens du Monde*, publiée par la Librairie Treuttel et Würtz, à Paris, rue de ..le, n° 17, formera 15 tomes grand in-8°, divisés chacun en deux volumes de 400 pages. Les premiers volumes sont en vente; il en paraît quatre ou cinq tous les ans. Parmi les 300 collaborateurs, dont les volumes publiés offrent déjà les articles, l'on se borne à citer les suivants : M. Andral, Artaud, Balbi, Berville, de Berzélius, de Candolle, Capefigue, Champollion, Cuvier, ..unou, Dumas (Mathieu), Dumont-d'Urville, Dupin aîné, le baron d'Eckstein, Fétis, Ganilh, le ..on de Gérando, de Golbéry, Guigniaut, Guillon (l'évêque), Hase, Hennequin, Hittorf, Jules ..in, Jouffroy, de Jouy, Klaproth, Leclerc (Victor), Matter, Michelet, Morawski (Théodore), ..udet, Orfila, Poncelet, Ratier, Reicha, Schlosser (à Heidelberg), Schnitzler, de Sismondi, Ville- ..in, Villenave, Walkenaër, etc., etc.

IMPRIMERIE DE P. BOURGER, RUE DE VERNEUIL, N° 4.

www.ingramcontent.com/pod-product-compliance
Ingram Content Group UK Ltd.
Pitfield, Milton Keynes, MK11 3LW, UK
UKHW020013130726
13694UKWH00005B/2270